가시꽃 끝의 향기

가시꽃 끝의 향기

최명수 시집

그림과책

| 시인의 말 |

  첫 시집 『가시꽃 끝의 향기』는 일상적인 생활에서 느꼈던 감정을 시로 풀어내었다. 아픔도 슬픔도 언젠가 끝이 있으며 결국에는 해피엔딩으로 끝나길 바라는 작가의 마음이다.
  대다수가 내가 일상에서 느끼는 감정과 감성을 독자분들이 보았을 때 공감하고 치유되길 바라는 글들이다.
  어두운 것들을 밖으로 끄집어내는 작업 그것을 글로 옮기는 것들이 쉽지 않았지만 독자분들이 내 글을 보고 겹겹이 쌓인 마음의 짐들과 응어리들이 풀어지길 바라는 작가의 마음이다.
  시사문단에 들어오기까지 10여 년 독학으로 수행 아닌 수행을 하였다.
  더 빨리 등단하고 책을 집필할 수도 있었지만 그러한 기간을 둔 것은 벼가 익어가는 과정을 기다리듯 오래 묵혀서 맛을 내기 위함이다.
  이 책은 『가시꽃 끝의 향기』 제목처럼 아프고 어렵고 힘들어도 그 끝은 향기가 나길 바라는 작가의 바람이다.

2025년 여름날

최 명 수

차 례

5 시인의 말

1부

12 바른 가시
13 가녀린 꽃을 밟지 마소서
14 겹 1
16 겹 2
17 아첼레란도
18 사랑은 시가 되어 1
20 사랑은 시가 되어 2
22 사랑은 시가 되어 3
23 사랑은 시가 되어 4
24 사랑은 시가 되어 5
26 슬픔의 동기화
27 은사의 품위
28 a pianist a writer
30 고개 숙인 전율
32 슬픔의 조각
33 사랑의 화법
34 어두웠기 때문에
36 아픔이 먼저
38 가시꽃 끝의 향기 1
39 가시꽃 끝의 향기 2
40 슬픔의 각인

2부

44 내면의 바다
45 껍데기
46 여유
47 계란국
48 매일 굽다
49 타인과 마주한다 그리고 또 타인과 마주한다
50 그렇게 살 테야
52 기쁨
54 끓는 물
55 먼지 잡기
56 쇼팽의 녹턴
57 꽃 된 생각
58 멈추면 보이는 것들
59 보이지 않는 상황
60 일
61 풍요
62 아침에 jazz 한잔
64 짝사랑
66 아픔은 사랑을 더 사랑하도록

3부

70 불꽃
71 사고방식
72 고구마
73 억지로 꽃을 피우려 하지 마세요
74 봄
75 초록 잎
76 여름에 핀 하얀 꽃
77 가을
78 겨울의 묵상
79 봄 여름 가을 겨울
80 여린 수
81 꿀
82 벌써 한 정거장 가지 않았느냐
83 발전의 굴욕
84 은인
86 슬픔 속에 너를 안아
87 몸의 반성
88 날개

4부

- 92 연기
- 94 미완성의 미
- 96 인형
- 97 조각
- 98 날씨는 꼭 주군主君 같다
- 99 못다 핀 꽃
- 100 번뇌
- 102 순백
- 103 위대한 사람
- 104 전존재
- 106 어른들의 논리
- 108 아버지의 고통
- 109 빈자리
- 110 6.25 잃어버린 조국
- 112 진정한 자유
- 114 희미해진 사이로의 염원
- 115 그리스도의 사랑처럼

- 116 해설

1부

시계태엽은 아픈 응어리를 안은 채

그렇게 계속 굴러간다

상처가 아물어도 조각난 기억은

마음속 깊게 박힌다

바른 가시

바른 가시는 독이 되지 않는다
삶의 찔림으로 다가와
피부를 상하지 않게끔 하고
따끔함으로 오히려
삶을 곧은길로 가게 한다

가녀린 꽃을 밟지 마소서
-사랑받을 권리

바람결도 가녀린 꽃 앞에
잎이 살랑거릴 정도만 분답니다

가녀린 꽃도
그렇게 보기 좋게
예쁘게 핀 꽃입니다

그러니 밟지 마소서
꽃잎이 떨어지고
잎사귀가 마르면
그때는 이미 늦습니다
저 또한 가녀린 꽃일 뿐입니다

곁 1

겨울이 되면 나뭇가지는
앙상하게 옷을 벗는다

휘몰아치는 겨울바람은
더 가지를 앙상하게 만든다

더 이상 머물 수 없는 잎은
낙엽이 되어 가버리고
겨울이 되면 나무는 더 고독하고
쓸쓸해 보인다

매섭고 혹독한 겨울 추위는
곁에 아무도 없어서
더 가지를 메마르게 하는 듯하다
그리고 가지가 썩으면
나무는 스스로 가지를 잘라 버린다
자연의 세계는 이토록 냉혹하다

봄이 오면 마주하는 식탁에
아무렇지 않은 듯 웃는 당신이 온다면
내 곁을 내줄 수 있는 누군가 온다면

황무지였던 내 마음에
겨울을 잊고 당신과 나란히 웃을 수 있을까

아니면
잠시나마 내게 안겼던 사랑이 될 것인가

사랑은 온종일 내 곁에 머무는 것 같지만
사람은 홀로 와서 홀로 된다

냉혹한 것 같지만
인생도 자연도 다를 바 없다

곁 2

누군가 내 곁에 있다는 것이
얼마나 소중한 일인지

꼭 서로 보지 않아도
늘 곁에 내 글을 읽어주는
독자가 있다는 것이
얼마나 감사한 일인지

곁이 없다면
앙상한 가지가 더 초라해 보이고
더 외로워 보이고 더 고독해 보인다

추위를 이겨내는 나무에
새끼줄을 칭칭 감아 추위를 이겨내라고
힘을 주는 그 곁에 마음은
봄에 새싹을 돋아나게 하고
풀들을 자라게 하고
무성한 잎과 열매를 맺게 하는 원동력이라는 것을

그렇게 곁에 머물러 다오
그렇게 곁에 머물러 다오

아첼레란도 accelerando
−점점 빠르게

어떤 일이든 처음부터 빠르게 하는 사람은 없을 것이다
공을 차는 축구선수도 처음부터 선수는 아니었다

처음 공을 잡는 것이 어색하듯 그 어색함이 지나서
익숙함으로 변할 때까지
많은 연습과 훈련이 반복되어서
비로소 선수가 되는 것이다
점점 빠르게 학습하는 것이다

한 가지 일을 하는데 10분이 걸렸다면
점점 빨라지면 5분 그다음 3분이 된다

일을 해내기 전부터 커다란 산을 보고
겁을 내고 웅덩이에 빠져
옷이 젖지 않을까 내내 걱정만 한다

그리고 포기하고 만다
포기하지 않고 시작하다 보면
자연스레 결과도 따라올 것이다

사랑은 시가 되어 1

공기 중에 떠다니는 많은 냄새
그곳에서도 향기는 존재하며
공기 중에 떠다니는 그 향기는
오래도록 묵힌 김치와 된장처럼
한순간에 쏟아지는 것이 아닌
서서히 향기가 되는 것이다

때론 품위를 잃어도
온갖 상처투성이가 되어도
그 향기는 그렇게 공기 중에
서서히 올라와
같은 숨을 마시게 된다

이처럼
사랑은 시가 되어
한 편의 시가 되어
타종을 울린다

하루 종일 눈물을 머금으면
그 울림도 사랑이 되고
손에 쥐어지지 않더라도

그 별은 내 사랑을 알리라

부르짖고 부르짖어도
아니 닿지 않더라도
그 별은 내 사랑을 알리라

꿀이 흐르듯 달콤했던 사랑도
언젠가 성숙한 향기가 되리라

사랑은 시가 되어 2

30대의 사랑은 그러했다
누군가를 흠모하듯 그렇게 지켜만 보는 사랑
고집스럽게 또는 집요하게 갈구하는 사랑이 아닌
변함없는 사랑
순정의 사랑
순수의 사랑
사랑은 10여 년이 흐른 뒤
시 한 편이 되었다
사랑은 지고지순이다
기다려 봄 그리고 봄
한 계절을 그 사랑 하나 간직하고 있다가
봄이 오면 꽃을 활짝 피우는 것이다
또 봄이 오길 기다렸다가 다시 봄이 오면
꽃처럼 다시 활짝 피우는 것이다
꽃잎은 사랑이라는 서약서를 내밀지 않는다
그저 꿀벌이나 나비들이 다가오도록
꽃잎을 피우고 오기만을 기다리는 것이다
사랑은 그렇게 시가 되었다
긴 시간에 기다림은 사랑을 만든 것이 아니라
시가 되도록 하였다
사랑은 하늘을 닮았다

닿을 듯 닿지 않은 그렇게 멀리 떨어져
어쩔 때는 울고
어쩔 때는 웃고
어쩔 때는 간절한 소망을
어쩔 때는 조용히 묵상함으로
영면에 들었을 때나 만날 수 있는 하늘과
나의 사랑처럼 사랑이라는 본질은 하늘을 닮았다
목을 높이 들어 닿을 수 없는 곳에 소리쳐도
어느 날은 방긋 웃는 얼굴로
하늘을 바라보듯이
사랑은 평생을 늘 따라다닌다
사랑은 기어코
손아귀에 잡힐 듯 잡히지 않는 것
사랑은 모래를 손안에 움켜쥐는 것과 같다
손으로 세게 움켜잡으면 어느새 빠져나가고
손을 놓으면 가지런히 모이는 것처럼 이상하기도 하다
그렇게 억지로 잡는다고 되는 게 아니라는 것이다
그렇게 사랑은 세월이 지나서
시가 되어 버렸다
순수의 사랑은 결국 시가 되어 버렸다

사랑은 시가 되어 3

사랑은 결국 이별합니다
온전히 한 사람만을 사랑했더라도
이별은 찾아옵니다

이별하지 않은 채 살아가려면
시가 되어야 합니다

영원히 남길 수 있도록
그리고
당신을 사랑한다고 못 박아두려 합니다
후대가 내 사랑을 알도록 못 박아두려 합니다

이별하지 않은 채 사랑하려면
사랑은 시가 되어야 합니다

영혼이란 하얀 속살을 드러낼 때까지
우리는 끊임없이 사랑합니다

그렇게 잔잔한 물가에 가기까지
당신을 영원히 간직하고 싶습니다

사랑은 시가 되어 4

사랑은 음악의 선율을 많이 닮았다
당신을 사모하는 애끓는 소리가
반딧불이 되어 당신에게 보일 수 있다면
한음 한음 당신을 목 놓아 부른다
당신을 볼 수 없다면
종이를 갈기갈기 찢어서 불에 태울 테야
그래도 잊지 못하면 그냥
갈기갈기 찢어진 채로 남을래
크리스마스이브 날 외로이 혼자됨으로
글이나 끄적이는 내 모양새가 애처롭지만
이루어질 수 없다면, 볼 수 없다면 사랑은 시가 될래
관객의 박수라도 받으면
내 마음이 놓일지 몰라
사람들이 어떤 것을 사서 저장해 놓는 것처럼
내 마음은 항상 당신을 간직하는
저장고를 두었어
극적인 카타르시스가 없더라도
몽환에 빠진 내가 될지라도
그 예쁜 사랑을 항상 마음에 저장해 둘래
너라는 존재로 인해 사랑은 그렇게 시가 되었어
그렇게 시가 되었어…

사랑은 시가 되어 5

사랑은 가장 낮은 자리에서
밑받침이 되어야 하는 것 같다

그 아래 밑받침이 되어야
옹기가 깨지더라도
그 깨진 옹기가
밑받침으로 떨어지게 하는 것

그래서 더 이상
떨어질 수 없게 하는 것

울상이 된 당신을
다시 웃을 수 있게 하고픈 심정

더 이상 아프지 않도록
안심하게 안아주는 것

말뿐이 아닌 이 시는
당신을 안아주고
따스한 햇살 아래 두게 하고 싶었다

잔디밭에 함께 앉아 오순도순
이야기하고 싶었다

그렇게 되지 못하더라도
당신에게 내 사랑 방식을 말해주고 싶었다

당신이 내가 아닌
누군가를 사랑하더라도
지고지순한 내 사랑 방식을 말해주고 싶었다

사랑이 시가 되더라도
내 마음은 당신이 깨지지 않도록
그렇게 감싸주고 싶었다

슬픔의 동기화 動機化

아프고 힘들고 서러웠던 기억들
바다 지평선처럼 그렇게 끝없이 펼쳐진다
기억이란 것이 유리조각이 되어
누군가의 발걸음에
부딪히고 밟히고 밟혔을 때
인생의 치부…
왜 다시 살아가게 하고
다짐하게 만드는가
기쁘고 환한 기억보다
슬펐던 기억은 왜 더 오래가는가
시계태엽은 아픈 응어리를 안은 채
그렇게 계속 굴러간다
상처가 아물어도 조각난 기억은
마음속 깊게 박힌다
내 심장과 가슴에 박힌 상처보다
타인의 아픔에 귀 기울여야 한다
그 아픔을 아니까
그게 얼마나 힘든지 아니까
슬픔의 동기화 動機化는 결국
타인을 위함이다

은사의 품위

20여 년 종교 생활
지고지순 한결같은 사람이 있었다

돈이 많은 것도 아니었고
비싼 차를 타고 다니는 것도 아니었고
그렇지만 많은 이들에게
은사가 되고 존경받는 사람
그리고 내 아버지와 닮은 사람
부드럽고 온유한 그의 성품은
다름이 아닌 품격이 있었다

내 은사는 품위와 품격 있는 멋진 사람이다
그래서 나도 그런 모습이 동경이 되었고
닮고 싶고 그러한 가치관으로
살아야겠다… 다짐했다…

결국 내 모습은 스펙이 아닌
나 자신의 가치다
어려운 것을 요구하는 것이 아니다

품위 하나 갖추는 것, 그것이다

a pianist a writer

내게 피아노란 영감을 불러일으키며
내 머릿속은 항상
어떠한 멜로디에 사로잡힌다

시는 결국 노래다
구슬프기도 하고
오선지에 악보를
써 내려가는 작곡이다

어떨 때는 힘차게
또 어떨 때는 한없이 부드럽게
감정의 곡선처럼 수없이 움직이는 멜로디

관객에게 큰 울림을 주고
미사여구美辭麗句를 통해
관객을 사로잡는 도구

흰 백지에 까만 글씨로
써 내려가는 작업은
예술로써의 승화 노랫가락
큰 감동을 전하는 선율이다

나는 글을 쓰는 음악가이다
감정이 요동치고 영감이 피어오를 때
사랑하는 이를 그릴 때
격분한 감정이 표출될 때 쓰인다

겉만 번지르르한 미사여구가 아닌
언제나 진정성을 가진
노래를 만들 테야
그림을 그릴 테야
세상을 사랑으로 물들일 테야

고개 숙인 전율戰慄
-Evans, Bill

나도 영감을 얻을 때면 고개를 깊게 숙이곤 한다
굽어진 등과 집중하는 손으로 피아노를 치는
Evans, Bill
감미로운 jazz의 선율
Evans, Bill의 음악은
듣는 청자를 잠식시킨다
아름다움으로 청자에게 전해지는 동시에
서서히 음악을 타고
누군가에게 양보 없이 타협 없이
그렇게 청자聽者를 잠식시킨다
낮게 깔린 저음부低音符 음악인데도
지속된 영감에 이야기는 끝이 없는 듯하다
Evans, Bill의 음악은
나에게 예술적 영감을 많이 불러일으킨다, 그리고
그의 섬세한 표현은 시적 갈등을 불러일으킨다
마치 전쟁 속에서도 아랑곳하지 않는
예술의 힘을 보여주는 것 같은 느낌이 든다
때론 슬픔도 가시 박힌 아픔도
그저 음악에 녹아내린 듯한 표현은
담배 한 모금에 그저 쿨하게 뱉어지는 듯하다

잔인하게 그지없는 인류사에서도 아랑곳하지 않는
예술의 힘을 보여준다
되새김질하며 예술의 혼을 끌어올린다
온갖 신경을 곤두세우고 섬세하게 마무리
그리고 듣는 청자에게
감미로운 음악의 선율을 전달한다
얼마나 섬세하게 표현해야
시적 전쟁에서 승리할 수 있을까?
Evans, Bill의 음악을 듣자면 매끄러운 답변 없이
그저 청자의 판단으로 남기는 예술의 극치다
즐거움도 괴로움도 아닌 그저 인생이 흘러가듯
물 흐르듯 흐른다
내 가시 박힌 아픔을 시적으로 자주 표현하는 나도
어린 애송이 같다
결국에는 이렇게 많은 사람에게
영감과 극찬을 받는 당신은
시대의 천재인 것 같다
jazz 별로 좋아하지 않는 나도
당신은 나에게 영감을 주었다
고개 숙인 채
겸손하지 않은 당신

슬픔의 조각

파편이 이리저리
널브러진 기억이란
사진들이 뇌리에선
그렇게 조각나 있다

기쁨의 조각이 아니라서
그렇게 이리저리 널브러진 파편

애써 그 퍼즐을 맞춰서
기억을 꺼내고 싶지 않기 때문이다

그 파편들을 주워다
쓰레기통에 넣어 주는 사람도 있을 테고
그렇게 옛사람도 쓰레기통에 버려진다

다시는 깨진 유리 조각이
되지 않길 바라면서…

사랑의 화법話法

단순하게 크게 두 가지로 나누면
첫째는 온화하고 은은한 향기가 되어
둘째는 매질하여서라도 어떠한 가르침으로
칭찬과 더불어 달콤한 언어로
감싸안는 방법이 있고
다그치고 혼내고 매질하여
잘못됨을 가르치는 훈육의 방법이 있다

그렇게 매질하여서라도
어긋나지 않도록 됨됨이가 되도록
나는 어머니의 매질을 당하는 중이다

매일매일 어머니와 함께하면
그 따가운 잔소리가 정말 듣기 싫다

그럼에도 어머니는 가장 낮은 자리에서
내 발을 씻겨주실 분이라는 걸 알기에
모태의 사랑이기 때문에 그렇게 견디고

어머니를 기쁘게 하는 숙명으로
살아야 한다 다짐한다

어두웠기 때문에

어두웠기 때문에
어둠을 두려워하지 않는다
급하게 빛을 찾아
헤매지 않는다

서서히 빛을 기다리며
온종일 적막 속에 쌓였더라도
한 줄기 빛을 기다리며
묵묵히 나는 쉼 없이 간다

온종일 아무 말 없어도
나는 영안靈眼으로 산다
기어코 가리고자 하는 삶
질투하고 죽일 듯한 악마 같은 가림막
그럼에도 생애는 이어진다

사막 한가운데 태양이 내리쬐는
무법자아 같은 햇빛 가운데에서도 살듯이
어둠 속에서도 산다
이내 지지 않고 일어난다

무거운 돌 하나를 들고
기어코 일어나고자 한다
나폴레옹같이 혁신한다

어두웠기 때문에
지긋지긋한 삶 속에
구정물들을 바라봤기 때문에

그래서 일어선다
그래서 일어선다
그렇게 일어나
이제는 한 줄기 빛을 쬔다

아픔이 먼저

기쁜 일들만 있으면
얼마나 좋을까?

새 옷만 입으면
얼마나 좋을까?

인생의 시련이란 것은
견딜 만큼만 주어지는 것인가?

기쁜 일들이 있으면
꼭 아팠던 기억이 떠올라
상처가 나면 새살이 돋듯이
아픔이 오면
그다음에 기쁨이 온다

아팠던 기억이
누군가를 위로할 수 있게 되고
아팠어도 세상을 살아가
손 위에 손을 얹어
당신만은 아프지 않도록

거룩한 자는 아픔을 만들어
너와 같은 사람을 보면
동정하고 연민하고
가여운 자를 안아주라고

같이 울어주고
눈물을 흘리라고
그렇게 사랑하라고
아팠던 기억을 잊도록
이제는 기쁨이 오도록

가시꽃 끝의 향기 1

수 없는 인생들은 저마다 사연을 안고
마지막에 내미는 것은 그 사람이 가지고 있는
특유의 향기다
가시가 돋음은 꽃이 되어 향기를 내뿜기까지
자신을 보호하기 위한 방편이다
저마다의 사연을 안고 뾰족이 날을 세운 것은
저마다의 삶의 방식이며 아름다운 꽃이 되어
향기를 갖기 위함일 것이다
흔들리는 바람결도
누군가에게는 상처가 될 수 있다
나를 보호하기 위한 가시
결코 누군가에게 상처를 주는 것이 아니다
나를 보호하기 위한 가시
누군가의 핀잔에도 주눅들지 말아라
온종일 향기를 내뿜는 상상을 해라
가시가 돋친 말을 들으면 일어서라
당신은 꽃이다
꽃이 되는 상상을 해라
그 아름다운 향기는 온 세상을 아름답게 할 것이다
피우소서 꽃을 피우소서
아름다운 결말을 맞게 하소서

가시꽃 끝의 향기 2

아름다운 꽃을 온종일 피우소서
벌과 나비가 오도록
가시는 잠시 숨기고
향기가 가득하도록
얼룩진 상처가 꽃잎에 묻지 않도록
가시를 모르면 꽃이 될 수 없고
가시 없는 꽃은
결국 향기가 나지 않습니다
하늘에 단비가 잎사귀에 떨어질 때
이루어지리라 외치소서
하늘에 단비가 잎사귀에 떨어질 때
이루어지리라 외치소서
하늘에 단비가 잎사귀에 떨어질 때
이루어지리라 외치소서
아름답게 피운 꽃은
타인을 기쁘게 한답니다
온 세상에 향기가 가득하도록
온 세상에 향기가 가득하도록
그렇게 이루어지리라

슬픔의 각인刻印

멍이 들면 쉽사리 사라지지 않듯이
마음에 멍이 들면
언제 아물지 모르는 세월 속에서
언제 아물지 모르는 세월 속에서
언제 아물지 모르는 세월 속에서

슬픔 때문에 소리쳐 내는 곡소리와 원성은
새끼 새가 어미 새의 먹이를 받아먹듯
어떠한 절규이다

메마른 모정은 없다
인생도 똑같다 그럴 때는 따스히 안아줘야 한다
보듬어줘야 한다
그것이 정신적 이상을 부르고
슬픔의 방에서 어쩌면 영원히 나올 수 없는
큰 고통이 따를 수 있다

이젠 잊으라고 말해도 누구에게나 올 수 있는
그 슬픔은 마음속 계곡에서 계속해서 흐른다
이젠 아물면 좋으련만…
슬픔은 누구에게나 찾아오며 그 슬픔은

사람들 인생 속에서 각인된다

한 사람이라도 그 마음을 헤아리고 돌보는 일은
습관처럼 중요하다
누구에게나 인생은 중요하고 상처를 아물게 하는 것도
결국 사람이 하는 일이다
시란, 상처를 아물게 하는 도구이다

그런 도구는 자주 쓰이는 것이 좋다
바쁜 현대사회에서는 그 마음을 어루만질 시간이 없다
그러나 누군가의 마음을 어루만지는 일이
얼마나 중요한지 모두가 알아야 한다

인생은 기쁜 일보다 슬픈 일이 더 많고
개개인의 속사정을 들어주는 것부터 시작되어야 한다
추위를 녹이는 따뜻한 물은 동상이 되지 않게 하고
온전치 못한 이를 온전하게 만드는 것이다

오늘도 누군가의 슬픔과 상처가 아물기를 바라며…

2부

내 마음을 잔잔하게 만들기도 한다

파도의 세심한 연주는 매일 반복되지 않지만

파도가 한없이 잔잔해질 때면

끝없는 지평선이 펼쳐지곤 한다

내면의 바다

저 먼 우주와 같이
또 심해深海에 깊이를 알 수 없는 것처럼
그곳은 무한한 공간이다
눈을 감으면 나타나는 내면의 바다는
꿈과 닿을 듯 말 듯
미지의 세계가 펼쳐지고
무한한 상상을 펼칠 수 있는 내면의 바다는
실제 삶에서도 힘을 낼 수 있는
그러한 힘을 길러준다
내면의 바닷속에는 폭풍우와 같은
기상현상이 펼쳐지기도 한다
또 그와는 반대로
내 마음을 잔잔하게 만들기도 한다
파도의 세심한 연주는 매일 반복되지 않지만
파도가 한없이 잔잔해질 때면
끝없는 지평선이 펼쳐지곤 한다
내면의 바다는 나를 다스리기도 하고
나를 안심시키기도 하며 어떠한 열정을
불어넣기도 하고 어머니의 품처럼
나를 안아 주기도 한다

껍데기

청년이 지나고 이제 장년으로 들어가는 문턱에 서 있다
머리부터 발끝까지 박박 긁어내어
씻어야겠다는 생각이 들었다
사람이 옳을 수만은 없지만,
껍데기가 썩으면 도려내야 하는 것처럼
새 껍데기를 갖기 위해 박박 긁어내어
미련 없이 지난 껍데기를 버리고
새 옷을 입을 수 있도록 해야겠다

그림을 그리다 망친 느낌이다
지난 세월이 그리도 썩은 냄새가 나는가?
그렇다
새 옷을 입었다고 해서 다른 내가 될 수는 없지만
새 옷을 입어야겠다

뭐든 안 해야겠다는 마음이 든다
내 마음에 대한 경고이다
환골탈태換骨奪胎 이 말이 제격이다

사람도
때가 되면 허물을 벗어야 한다

여유

한잔의 커피는 누가 마실 수 있을까?
한잔의 위스키는 누가 마실 수 있을까?
바쁜 현대인의 삶의 여유란…
여유를 만끽하여도 서둘러 자리에서 일어나
뛰쳐나가야만 내 생계를 이어갈 수 있는 업보

여유로워지고 싶다
여유로워지고 싶다

여유란 18세기 유럽 왕실만이
누릴 수 있는 여유인 것인가

여유를 누리면 나 자신이 부족해지는 것 같고
여유가 없이 바쁘기만 하면 피곤과 쉼을 부른다

오늘도 커피 한잔에
머릿속을 굴려
시 한 편을 내린다

계란국

사람들은
맛있는 음식을 찾아다닌다

그런데
나이가 들면 들수록
이상하게도 평범한 음식에 감동한다

어느 날
별 맛없는 음식점의
계란국이 얼마나 맛있던지
나는 맛을 사러 간 것이 아니다

훌륭한 인품에 감격한 이가
그 음식점 사장의 미소를
사러 간 것이다

매일 굽다

장인은 매일 빵을 굽는다
나도 매일 글을
잘 쓰고 싶다
매일 굽고 싶은 심정이다

10여 년 넘게 쓰기도 하고
못쓰기도 하고
이제는 쥐어짜는 경지도 경험했다

장인은 부지런함과 노련함으로
맛있는 빵을 세상에 내놓게 된다

그리고
기어코 손님의 입맛을 만족시킬 때
비로소 장인은 큰 기쁨을 얻는다

장인이 손님을 맞이하듯
나 또한 독자를 맞이하고 싶다

나는 오늘도 빵을 굽는 심정으로
글을 쓴다

타인과 마주한다 그리고 또 타인과 마주한다

그렇게 마주한다
밉기도 하고 토라지기도 하고
언제였는지 웃기도 하고
우린 태어나자마자 타인과 마주한다

잘못했을 때 눈물을 흘리기도 하고
얼굴을 맞대며 슬퍼하기도 하고
등 뒤에 꽃을 숨겨 주기도 한다

죽기 전에도 타인과 마주한다
삶의 여정이 끝나는 순간에도
우린 타인과 마주한다

자식도 오랜 친구도
용서 못 할 것 없는 죽음 앞에서도
타인과 마주한다

그렇게 인생이란 타인과 마주하고
또 타인과 마주한다

그렇게 살 테야

세상의 무엇으로 살아도
낮은 마음 변치 않으며 살 테야

사람에게 억지로 선한 것을 심을 수 없듯이
선한 것을 보며 살아가는 사람은 선하게 살며
악한 것을 보며 살아가는 사람은 악하게 산다

슬프고 아프고 힘들고
어려운 사람에게
그런 눈물 맺힌 인생을 위해
한없이 울어줄 것이며
꿈과 희망을 품고 도전하는 사람에게
열심히 가르치고 깨달음과 깨우침을
가르치며 살 것이다

바지를 뒤집어 입고 수치스러운 모습으로
때론 바보 같은 웃음을 주는 사람이 될지라도
모자라고 실수 많은 사람에게
탓하지 않고 감싸주며 살 테야
그렇게 살 테야

그렇게 사람을 돌보고 보살피며 살 테야
돌아가신 아버지에게 흉 되지 않게 살 테야
세상을 원망하지 않고 사랑하며 살 테야
죽음도 아까워하지 않고 다 할 테야

시작도 해보지 않고 꿈을 잃어버린
또는 쉽사리 포기하는
그런 사람으로 살지는 않을 테야

어두운 사람에게는
따뜻한 말로 위로하고
차갑고 냉정하고
자기밖에 모르는 이기적인 사람에게는
따끔한 충고와 쓴소리로 살 테야

누군가에 의해 감정이 동요되어도
마음을 계산하며 살지 않을 테야

세상에 태어나 사는 거
그렇게 어려운 것 없어 그렇게 살 테야

기쁨
–등단 기념

기뻐해야 하는데
마음에 슬픈 노래가 흐른다

한맺힌 멍울이 터지면
시원하거나 아팠던 몸이
낫는 것같이 상쾌해야 하는데

기뻐해야 할 일인데
머릿속에 구슬픈 노랫가락이 흐른다

할머니 어머니 내가 지켜 드려야 할 분들이 떠오른다
낮은 마음
내 신조이기도 하다
내가 누군가에게 잘나 보이는 사람이라 할지라도
낮은 마음을 지키며 살 것이다

낮은 마음
낮은 마음으로 살아가면
어떠한 것도 감사하지 않을 것이 없고
뭐든지 본래 내게 주어진 것이 아닌 누군가에게
빌려 쓰는 마음으로 조심하게 쓰게 된다

많은 것을 가졌다 할지라도
원래 없었던 것처럼 여기면
그러한 욕심도 들지 않는 것이다

살면서 행복하면 웃음 짓는다
어떠한 것에 대한 성취나
어떠한 일들을 이뤄내야만
그것이 "기쁘다"라고 말할 수 없다

어린아이의 해맑은 웃음처럼
일상에서 소소한 일들로 인하여
웃음 짓는 그 웃음이
기쁨이 아닐까?

사람 마음은 많은 것을 바라지 않는 듯하다
기뻐하면 웃는 것처럼
또 내가 웃으면 남들이 따라서 웃는 것처럼
웃음이란 대단한 것도 아니고
기쁨이란 거창하지도 않다

끓는 물

심장이 요동치고 가슴이 쿵쾅쿵쾅
그렇게 시작되어서 시간이 지나야만
적절한 온도가 되어야만 그렇게 끓어올라
뭐든지 익어 버리는 사람에게
어떠한 경지란 도달하여야 하는 목적지처럼

사랑이든 일이든
미지근할 수 없는 것처럼
높은 온도에서만 가능한
그 시점
그 타이밍
그렇게 끓어올라 이룬다

먼지 잡기

매일 그렇게 하는 청소는
사람이 살아가야 할 최적의 환경을 만든다

내가 청소기를 돌리고 나면
내 할머니는 뒤이어 걸레로 방바닥을 닦는다
내 할머니는 매일 그렇게 먼지를 잡는다
가족들의 건강을 위해 최적의 환경을
만드시는 것이다

매일 4시가 되면 시작되는 먼지 잡기
매일 방바닥을 걸레로 닦으시는 할머니
할머니의 먼지 잡기 행위는 내 마음의
먼지도 잡으신다

말없이 닦으시는 할머니의 먼지 잡기
그 먼지 잡기야말로 내가 살아오면서
잘못했던 것들을 담으시는 것이다

그렇게 한 바퀴 휘저으시면
방바닥은 먼지 없이 깨끗해진다
그리고 내 마음도 깨끗해진다

쇼팽의 녹턴

쇼팽의 음악 중
녹턴은 내게 큰 위로를 주었다
사람들은 인생의 슬픈 멜로디를
말하려 하지 않는다
나 자신을 사람들 앞에
부끄럽게 하고 싶지 않기 때문이다
그러나
슬프고 아픈 이야기들은 부끄러운 것이 아니다
왜냐하면 그것은
우리들의 일상이기 때문이다
사실상 살면서 기쁜 일들보다
아프고 쓰라리고 슬픈
멜로디가 더 많기 때문이다
쇼팽의 음악처럼
때로는 누군가의 위로보다
음악의 선율이
우리를 더 이해하고 위로하는 듯하다

꽃 된 생각

인생에서 가장 찬란한 순간
영원토록 간직하고 싶은 절정의 시기
그러나
인생은 영원한 것도 아니요
인생에서 젊은 시절만 있는 것도 아닌데
사람들은 꽃 된 생각에 빠져있네

항상 아름다운 모습으로
젊음을 늘 간직하고 싶지만

때가 되면 고부라지는 허리와
세상에 많은 것들을 담은 지식과 지혜로
늙어가는 것

벼가 자라서 고개를 숙이듯
그렇게 늙어가는 것

늙어가는 것도
신이 주신 계획이라는 것을 알길 바랍니다

멈추면 보이는 것들

그렇게 액셀을 세게 밟고
앞으로 가다 보면
아름다운 풍경을 놓치게 된다

그냥 아무 말 하지 말고
그 자리에 멈춰서라
세상은 그렇게 뛰라고도 하지 않았고
한 바퀴 돌아 착지하라고도 하지 않았다

세상이 아름답지 못한 건
멈춰서서 그 아름다움을
감상하지 못함이다

짓눌린 감정을 뱉다 보면 울분을 토해내
다시 살아갈 이유와 희망
그리고 가시밭길 걸어온 기억도
서서히 지워지고

나 자신에게 총을 겨눈 것도 잊히리라
그러니 멈춰서라 그러면 보이리라

보이지 않는 상황

아무것도 보이지 않았을 때
저 멀리 보이는 희미한 빛

잃어버린 사랑도
세상에 대한 억하심정도 누그러지고

희미한 빛 그곳으로 나가야겠다는
하나뿐인 의지

보이지 않음은
누군가에게 절망으로 다가오지만

세월이 지나면
살아야 할 이유가 된다

일

모든 것이 지나고 나니 어설프고 부끄럽다

다시 한다면 잘할 수 있었을 텐데…

지극정성 들였어야 했는데…

내 고집대로 한 것만 같아서

지나고 나니 어설프고 부끄럽다

그때는 왜 그랬을까?

그래야만 했을까?

점점 나아질 것인가?

모든 것이 지나고 나니 어설프고 부끄럽다

풍요

풍요는 제각각 생각하기 나름이다
어떤 사람은 곳간에 곳간이 가득 찼을 때
풍요롭다 하고 또 다른 이는 배고픔과 굶주림 속에서
따뜻한 밥 한 끼 먹을 수만 있다면
그것도 풍요다

나도 가끔은
자장면을 사 먹을 돈이 없어
짜파게티를 사 먹곤 한다

우리에게 채워지는 모든 풍요는
감사할 수밖에 없다

언덕을 오르고 나면 식후경이 생각나듯
인생을 오르고 오르면
그간 짊어진 짐을 잠시 내려놓고
굶었던 배를 채우게 된다

풀잎도 비가 주룩주룩 내릴 때보다
이슬 맺혔을 때가 더 간절할 것이다

아침에 jazz 한잔

8:00 AM
커피 한잔
jazz 한잔

어느새 쓰디쓴 한잔이
즐거워졌다

남모르게 애태웠던 속사정도
아침이 되어 커피 한잔에
눈 녹듯 녹는다

언제나 그랬듯이
다시 시작하는 마음가짐
내 모토 낮은 마음

커피 한잔에
jazz 한잔

오늘도 예술가는
무엇으로 채울까?

고민을 하고
생각을 한다

평온한 아침이 되길
분주한 낮이 되길
아무 일 없이
잠자리에 들길

세상이 어떻듯
글은 그 자리에
계속 머물고 머문다

곤히 자는 글에게
낮잠을 깨우기 싫다

나는 온전한 말로
언제나 독자들에게
평온한 일상이 되길 바란다

잔잔한 물결처럼…

짝사랑

누군가를 좋아하는 것
오늘은 짝사랑을 말하고 싶다

비밀의 숲에 초대하고 싶은 것
사랑 자체는
원래 순수한 것에서 시작한다

편지글
더 나아가 반지를 주는 것처럼
마음은 여러모로 포장된다

이루어지지 않을까?
노심초사
한마디 건네는 것도 조심스레

좋아해서 사랑해서
누군가에게 소중한 것을 전달했을 때

거절은 크나큰 좌절이자 실망이자
어쩌면 인생의 큰 오점으로 남길 수 있고
지나고 나면 아무 일도 아닌데

사랑이란,
단어를 성공이냐 실패냐
이렇게 단정 지어지기 때문에
사실 누구에게나 처음은
비밀의 숲에 초대하는 것이다

초대장이 눈물로 젖으면
그 상심한 마음은
얼마나 오래갈지 알 수 없다

사랑에 실패하면
또 도전하면 되는데
개개인의 사연을 그렇게 함부로
말할 수는 없을 것이다

상심한 마음은
누군가에게로부터
위로가 되길
바라며

아픔은 사랑을 더 사랑하도록

내가 사랑한 이에게 찾아온 그 병은
그 어떤 존경도
그 어떤 명성도
야속한 세월 속에 묻혀
직립보행하는 인간이
사족보행하게 하고
심장이 찢어질 것같이
내게 찾아온 그 아픔은
차라리 빨리 죽으면
그 아픔은 덜할 텐데
생각하게 하고
눈물로 대화하는
내 사랑하는 이에게
더 이상 사랑한다 말하지 못하였다
그 병이 깨끗하게 낫고 치유되었더라면…
얼마나 고통스러웠을까
걷지도 못하고
제대로 말하지 못하고
내 사랑하는 이여
그곳에서는 편히 쉬소서

아들은 그때에
기억을 잊을 수 없습니다
내가 좀 더 잘해드릴걸
그런 아쉬움도 있습니다

아버지의 그 씩씩하고 늠름한 걸음을
잊을 수 없습니다

언제나 내게
존경의 대상이자
사랑의 대상입니다

사랑합니다

3부

봄이 되면

세상살이 많이 지쳤냐며

서로가 토닥토닥해 주길

봄비가 떨어지면 풀잎이 맺히고

불꽃

얼어붙은 문을 열려고
불꽃을 피운다

온갖 힘을 다해서
그 얼어붙은 문을 열 수만 있다면

내 뜨거운 마음이 불꽃이 되어서
그 문을 향해 돌진한다

그 문을 열면
온갖 보물들이 가득할 테지

그렇게
스르륵 문이 열리게 되었는데
아무것도 없다
힘이 쭈욱 빠진다

사고방식

한 가지 사고방식으로
삶을 판단하지 마라

다양성이 존중되는
이 시대에
고집스럽게 한 가지만
옳다고 하지 마라

개성이란,
나뭇가지가
여러 개로 펼쳐진 것과 같고
나무가 서로 다르듯
열매 맺음도 모두 다르다

사과나무 포도나무 서로 다르듯이
사과를 포도라 할 수 없고
포도를 사과라 할 수 없다

사과도 포도도
존중받아야 마땅하다

고구마

기다림이
달콤한 것이라면

추운 겨울이 되면
누구나 한 번쯤
생각나는 고구마

옛 어른들은
먹을 것이 없어
시커멓게 탄 고구마도
허겁지겁 서로 먹겠다고 아우성쳤다

나도 철이 들었나 보다
굶주린 아이들을 보면
고구마 하나 나눠주고 싶은
마음이 든다

내 배를 채울 게 아니라
아프고 어려운 이웃에게
굶지 않도록
맛있는 간식을 선물하고 싶다

억지로 꽃을 피우려 하지 마세요

활짝 핀 꽃처럼
타인에게
귀감이 되는

가시는 발밑에 감춰두고
그렇게 매일 웃는 모습으로
살아가려 애쓰지 말아요

햇빛도 바람도 비바람도
꽃이 자라도록 돕는답니다

억지로 애쓰지 않아도
당신은 어여쁜 꽃이에요

봄

긴 잠을 잤던 시기
이제는 일어나 꽃을 피우고
나를 보시오
나를 보시오 한다
꽃잎도 그렇게 긴 휴식기를 거친다

세상살이 지쳐 힘들어
겨울이란 긴 시간을
묵언하고 상대하지 않고 있다가
이내 깨어나는 시기
우리도 누군가를 봄으로
또는 누군가를 맞이하듯
봄이 되면 손님을 맞이한다

봄이 되면
세상살이 많이 지쳤냐며
서로가 토닥토닥해 주길

봄비가 떨어지면 풀잎이 맺히고
태양 빛이 꽃잎을 쬐면
그제야 꽃잎은 웃는다

초록 잎

여름이 되면
풀들은 하나같이
초록 잎이 된다

사람 마음은
항상 같을 수 없는데

풀들은
하나같이
같은 마음인 것 같다

여름에 핀 하얀 꽃

작열하는 태양빛에도
두려움 없이 꿋꿋이 피었다

그 꽃은 포효하지 않는다
소리 내는 것을 하수라 여기듯
소리치지 않는다

검붉게 피어올라도 좋으련만
착한 심성처럼 나는 하얀 꽃이요 말한다

가을에도 겨울에도 내내 피우랴
키가 닿지 않아 잎사귀를
떼어내지는 못했지만
그저 관망하는 게 나을 듯하다

하얀 꽃
절로 고개를 숙이게 하는구나

가을

찬 바람이 불며 잎사귀가 떨어짐으로
가을이 찾아왔다

시리고 시린 겨울이 되기 전
선전포고를 한다

생존 본능을 일깨우게 하여
추운 겨울에도 살아가도록
부지런히 움직여 곳간에 양식을 채우도록
시린 겨울에도 따뜻한 밥을 지어
먹을 수 있도록
계절은 말없이 수많은 것을
이야기하는 듯하다

외로운 자에게 더 외롭게 하여
사랑을 더하게 하고
곡식과 열매를 맺는 것은
당신이 배불리 먹을 수 있도록
가을은 풍성한 잔치를 준비한다

겨울의 묵상默想

겨울이 되면
나무는 메마른 감정이 된다

시린 겨울바람에도
아무런 응답 없이
고요하기만 하다

사람도 나무처럼
감정이 메마를 때가 있다

봄이나 여름이나
찬란한 모습을 보일 때도 있지만

고독하고 때론 묵언으로
무언가 나타내지 아니하고
아무 말 없이 그저 가만히 있을 때가 있다

시인도 감정이 메마를 때가 있다
나무도 아무 말 없듯이
시인도 아무 말 못 할 때가 있다

봄 여름 가을 겨울

사계절 태어날 때부터 정해진 날들
봄이 싫어서
여름이 싫어서
가을이 싫어서
겨울이 싫어서
그럼에도 날씨는 우리에게 주어진다
우리는 늘 불평이 많다
주어진 계절과 날씨는
하늘이 정해준 걸 어찌할까?
어찌할 노릇일까?
사계절을 겪어야
비로소 인간이 된다
때로는 아픔에 처하고
기뻐하기도 하고
슬퍼하기도 하고
분노하기도 하며
서로 사랑하기도 하면서
울고불고하다 보면
비로소 인간이 된다

여린 수秀

속전속결해내야만 하는
인생과 일들

앙상한 나뭇가지만 무성한 가을날
고독하고 슬픔이 밀려올 때
여리고 여린 한 아이의 눈물이 맺힌다

어린아이에게 다가올 세상은
너무나 어렵고 두렵기 때문이다

세상은 강한 자만을 가리키며
강한 자만이 살아남는다는 약육강식 앞에
여리고 여린
감수성 깊은 한 아이에게
패배감을 느끼게 한다

여리고 여린 수야
넌 잘못한 게 없다

연약한 채로 소리를 지르고
연약한 채로 잎을 내어 꽃을 피워라

꿀

식물은
잎을 내고
꽃을 피워

꿀벌들에게
꿀을 제공한다

말은 못해도
자연은
이러한 유기적有機的 관계 속에서
생명을 이어간다

아이러니하게도
사람은
서로 소통할 수 있음에도
이렇게 서로 돕고 돕는
유기적 관계가 되기 참 어렵다

꿀은 사랑과도 같다
사람도 꿀을 줘야 살 수 있다

벌써 한 정거장 가지 않았느냐

시간아 언제 가는 거니

일을 하다 보면 이렇게
시간에게 불평을 내놓는다

자꾸 보게 되는 시곗바늘 앞에
내게 주어진 시간은 그저
돈을 벌기 위한 수단일까?

시간의 정방향은
정말 소중하고 주어진 시간에
무엇을 해야 하는지를 생각하게 하고
돌아보게 하는데

시간의 역방향은 우리에게
늘 불평을 내놓게 한다

시간은 우리에게 이렇게 말하는 듯하다
벌써 한 정거장 가지 않았느냐

발전의 굴욕

이토록 발전하는 세상 문명 속에
자연은 그 시간을 헤아리지 않고
자신의 것들을 계속해서 내뱉는다

발전하는 문명일지라도
자연은 아랑곳하지 않고
오늘도 물을 마시고 잎을 내어
열매를 맺는 일들을 한다

발전된 문명 속에 살아도
우리는 자연을 계속해서 찾는다
산을 오가고 바다를 오가고
그렇게 우리도 자연과 더불어
살아야 할 운명이라는 것을
자연은 소리 없이 말한다

은인恩人

첫눈이 마주친 순간
사랑은 시작될 줄만 알았지만
먼 곳에서
서로 다른 모습으로 그렇게
멀리서도 먼 곳에서도
지켜봐 주는 사람아

상처도
슬픔도
기쁨도
축복도

굳이 만나지 않더라도
너에게 나에게 속한 사랑이 되어

은인이 되려 하는 사람아
손끝이라도 닿았더라면
그 간절하고 절박했던
마음이 서로 닿았더라면
서로 어여쁜 모습일 텐데

계절이 변해도 잊지 않고
세월 가도
끝까지 생각하는 마음
그래 그 마음 하나면 돼

이제는 지그시 눈감고
고맙다고 말하고 싶어
진실한 사랑을 말해준 사람아

슬픔 속에 너를 안아
-가수 "YARN 그래서 그대는" 노래 감상 시

힘들고 어려움 속에서도 꿋꿋이
막막한 상황에서도 미소 짓는
미워할 수 없는
그런 미소를 가진 사람

어두웠던 배경에서도
착한 심정을 드러내는
좋은 사람

내가 안아줌으로
그거 하나로
기뻐하는 사람

그래서
슬픔 속에서도
너를 안아

몸의 반성

조이고 닦고
있는 힘껏 들어 올려야만 주어지는
땀의 결실

반복되는 쳇바퀴 생활은
지루하거나 지겨운
생활만을 주는 것이 아니다

몸을 바르게 하고
건강하게 하는 것이다

한참을 일해야 주어지는 달콤한 휴식
땀을 실컷 흘리면
몸은 건강을 약속하고
핏대가 솟고 심장이 빠르게 뛴다

노동과 운동을 하면 몸은 그렇게 반성하여
건강한 자가 된다

반성이 있는 자만이 또다시 실수하지 않고
더 나은 삶을 만들 수 있을 것이다

날개
−비상飛上하는 꿈

추락한 천사는
날개를 잃어버렸네

인간이 될 수도 없고
그렇다고 천사도 아니고
그래서 넌 대체 뭔데?
대체 그럼 무엇인가

소크라테스에게
물어보면 알 수 있을까?

언제까지 어정쩡한
존재가 될래?

몇 마디 말했다고
다 되었듯이 말하지 마!
사랑도 갈구하지 마!

넌 고독한 존재여
쓸쓸하고 때론
아무 보잘것없어도

너란 존재를 부각해

날개를 잘 챙겨 바보야
다시 자유로이 훨훨
날아다닐 수 있게

비행하며 온갖 것들을
다 이뤄내 봐

세상에서
미친 듯이 펄럭거려서
사람들 앞에 꿈과
희망이 되어라

추락 한번 했다고
사망한 거 아니니까

꽃 하나를 고이 간직해
진한 향기가 되도록
세상에 울려 퍼지도록
그렇게 해

4부

미완성된 모습은 나 자신을

바라보는 모습일 테지만

미완성된 모습도 아름답다는 것을

연기

누구나가 살다 보면
칠흑 같은 어둠과
연기에 갇혀서
질식할 것 같은
고통 속에 산다

누군가가 구해주지 않으면
곧장 질식하는데
용서 없는 사회는
연기 속에 갇힌 것을
그저 바라만 본다

바쁘고 바쁜 세상
직사각형 네모 안에 갇혀
피어오르는 연기 때문에
곧 질식할 수도 있는데
이 사회는 그저 내버려두고
질식하길 내버려둔다

풍선에 핀을 꽂으면
금세 터지듯

사람도 이렇듯
위험하고 위기의 순간
고통의 순간
넘기지 못한 이들이 많다

내 글을 읽고
제발 용서와 화해와
따뜻하게 안아주는
포용의 사회가 되길 바란다

나 또한 누군가
연기에 질식하는 것을 목격하면
모든 것을 내려두고
당신을 구할 것이다

미완성의 미美

사람들은 완벽을 추구하고
완벽하길 바란다
그리고
산 정상을 향한 목표를 인생에 두고
끊임없이 달음질한다

어떠한 미적 가치를 취하기 위해
인생에 모든 것을 바치기도 한다

나 역시도 미완성된
나 자신에게
끊임없이 채찍질한다

정해진 목표를 향해 달려가지만
산 정상에 서면
다시 내려와야 하듯이
또 산 정상에서 경치를 감상하는 건
그때뿐이듯이
미완성된 모습은 나 자신을
바라보는 모습일 테지만
미완성된 모습도 아름답다는 것을

또 하나의 미美라는 것을
결과도 중요하지만, 과정 자체도
아름답다는 것을
외형의 완성보다 더 중요하고
먼저 된 것은 마음의 완성이라는 것을
미완성은 부족하거나 결여된 것이 아니라
무한성이며 또 하나의 가치 추구인 것이다

사실 완성된 미美는 없다
그렇게 느껴질 뿐이다

정점은 결국 원점으로 돌아온다
태어나서 죽는 것처럼
존재하다가 존재하지 않는다

미완성은 살아갈 원동력이 되며
존재 자체로써 의미를 부여한다

미완성된 나라는 작품도 결국
그 존재 자체로써 미美이다

인형

꼭 껴안아야 할 물건
눈뜨지 못하는 어린아이에게
포근함으로
따사로움으로

삶을 불안보다
삶을 견딜 수 있도록 해주는 존재

노크하여도 열리지 않는 문
(마음의 문)

그 열쇠를
(마음의 열쇠) 가지고 있는 인형

어머니는 어린아이에게
그 인형을 건네며
아이를 보호해 줄 것을 명한다

그리고
사랑을 가르친다

조각

조각을 하는 사람들은
조각품을 만들기 위해
깎고 또 깎는다

그런데
사람들은 마음을
깎는 법을 잘 모른다

마음도 다듬고 다듬어야
멋진 조각품이 된다

마음을 잘 다듬고 깎으면
훌륭한 사람이 된다

날씨는 꼭 주군主君 같다

백성들이 비가 내리길 바라면
우박을 쏟아 내고
백성들이 따스한 햇살을 원하면
실컷 비바람을 뿌린다

날씨는 꼭 주군 같다
날씨는 자기 감정대로 모든 것을 쏟아 낸다

백성들은 고스란히
걷잡을 수 없는 날씨 앞에 무릎 꿇는다
백성들을 헤아리면 좋으련만

날씨는 변덕과 고집으로
오늘도 백성들에게 무엇을 줄지 알 수 없다

날씨는 제 마음대로다
백성들은 제멋대로인 날씨 앞에
어쩔 도리가 없다

못다 핀 꽃

아름답지 못해도
열심히 살았는데도
피우지 못한 꽃들이 있다

무명함에 살아도
한 번도 피우지 못하였을지라도
당신은 그 누구보다 훌륭한 꽃이다

하루도 빠짐없이 기도하는 삶
남편도 없이 젊은 시절 온갖 고된 노동으로 일하며
자식과 손주만 바라본 인생

6.25 참전 수급비로
힘겹게 힘겹게 살아온 인생

한 가정의 사랑과 헌신으로 살아오신 삶
가족끼리 화목으로 모이는 것이
유일한 할머니의 희망사항

사랑하는 나의 할머니
참된 할머니

번뇌

태양과 지구 사이에
그 먼 거리의 빛은
한치의 오차도 없이
이곳에 도달하고
흐르는 물은
어떤 거스름 없이 산속에서 시작되어
강줄기가 되고 바다가 된다
적당한 빛도 없고 물도 없으면
인간이 죽듯이
자연과 인간은
그렇게 공존한다
어떠한 망설임이나
고민이 많은 인간의 번뇌는
항상 선택하기에 고민이 들고
주어진 자유의지를
어떻게 사용할까
고민하고
생각하고
오직 인간만이 가진 번뇌다
인간도 그저 스스럼없이
어떤 망설임 없이

비치거나 흐른다면
아무런 탈이 없었을까
인간은 생각하기에 새로운
세상을 만들고
생각하기에 인간이며
고심은 번뇌가 된다
자연은 자연대로
인간은 인간대로
그 고유함으로
자연은 자연대로
인간은 인간대로
정해짐이 있고 뿌리는 하나다
고통스러운 번뇌는
깨달음과 깨우침을
사람이 아프면 다시 회복되고
건강을 되찾듯이
태어남에 번뇌하고
죽어서는 뿌리로 돌아간다

순백純白

죄가 없어 보이는 사람이 죄가 있다 한다면
그렇게 좁쌀보다 작은 죄를
오늘도 하늘에 올리는 이
매일 손주 하나 바라보고
오늘도 염불하며 기도를 올리는 이
하얀 천을 물에 적셔
티끌만 한 죄도 씻어내고
온전히 가족을 위해 기도를 올리는 이
매일 그렇게 기도를 올려 하늘에 보리를 쌓는 이
새하얀 잎은 손주가 글을 쓰도록 하고
죽처럼 곱게 간 내 할머니 성품은
천사도 울리겠네
내 할머니 하늘에 가면
곱디고운 우리 할머니답게
하얀 포로 겹겹이 쌓아
하늘에서는 고생 고통 없도록
하늘에서는 원 없이 누리도록 곡하겠네
그만한 인내와 사랑
어디에도 비교할 수 없는
내 할머니 순백함에
오늘도 손주는 글을 쓰네

위대한 사람

눈을 뜨고도 서로 마주칠 수 없는
사람들의 환대와 동경의 대상이며
바라보는 자들의 우상

기어코 환하게 비추는 태양처럼
그리고 태양을 바라보는 해바라기처럼

누군가가 그에게 이래라저래라 말할 수 없는
경지와 존경과 섬김의 대상

그러한 위대한 사람도
갓난아이가 발걸음을 하고
세상의 풍파와 온갖 시련을 견뎠을 것이다

세상 앞에 당당히 서 있는 자
그런 위대한 사람

전존재全存在
-아버지와의 사별

존재의 전부
내 아버지는 존재의 전부였다

내 아버지를 떠나보낼 때
내가 가진 모든 것을
잃어버린 같은 허망함이 밀려왔다

내 아버지를 그렇게 보낼 수 없었다
내 아버지를 저 먼 곳으로
만질 수도 볼 수도 없는
저 먼 곳으로 별이 되게 할 수 없었다

그러나 운명이란 정해져 있듯
그렇게 내 곁을 떠나가셨다

아버지를 목 놓아 불러도 닿을 수 없는
그곳으로 가셨다

사랑하는 이를 잃은 그 슬픔
그것은 내 모든 것을 가져가 버린 것과 같았다

이처럼
누구에게나 존재의 전부는 있다

아니 어쩌면 이 세상보다
더 중요한 것은 어떠한 존재이다

그렇게 10여 년을 받아들이지 못해
가슴앓이하고 비로소 알았다

아버지는 내게 전존재全存在이다

어른들의 논리

아이들은 풍선을 보며
드넓은 꿈을 꾼다

파란 하늘 어디론가 향해 가는
어디론가 알 수 없는 모험이
기다리는 곳으로 갈 기대와
부푼 꿈은 누구든지 막을 수 없는
한 아이의 희망일지 모른다

어른들은 풍선을 보며 희망을 놓는다
어차피 어디론가 가다가
곧 이내 터져버릴 풍선은
단지 한 아이의 손아귀에 쥐어질
풍선이라는 것을
같은 그림에서 어른과 아이는
이렇듯 생각이 다르다

한편에는 꿈을 꾸고
한편에는 희망을 놓는다

하늘에 둥둥 떠다니는 풍선은

어디론가 날아가지만
그것이 희망이 될지 무엇이 될지
우린 알 수 없다
다만 풍선을 바라보는 아이의 해맑은 웃음과
순진무구함이 부럽다

아버지의 고통

그 고통을 무엇으로 견줄 수 있을까?
말하지 못함을
움직이지 못함을
그 답답함을
아들은 그걸 이해하고 싶었다

대화하고 싶었고
아버지가 움직일 수만 있다면
무엇이든 다 하고 싶었다

못난 아들이라 미안했다고
돌아가실 때
그 눈물 맺힌 눈빛은
잊지 못한다고…

그래서 부끄럽지 않은
아들이 될 거라고
이젠 편히 쉬시라고
그리고
정말 사랑한다고 말하고 싶다

빈자리

그렇게 싸우고 서로가
아옹다옹 다투고 미워해도
아침에 야채 주스를 갈아주는 이는 당신뿐입니다

당신이 없다면
빈자리일 뿐입니다

꽹과리 치듯 따가운 말들
잔소리도
평온할 때면 듣고 싶고 그립기도 하고
당신이 없는 빈자리가 되면
아들 된 도리를 다하지 못했다는 말을 들을까
마음이 아픕니다

그대여
당신은 빈자리가 아직 되어주지 마시오
아들 된 도리를 다할 때까지 기다리시오

6.25 잃어버린 조국祖國

1950년 6·25일 새벽 평화로웠던 조국은
때아닌 총성과 포격 소리로
미처 싸지 못한 보따리와
고이 간직해 온 귀중품들을 뒤로 한 채
밥숟가락 하나만을 챙겨
온 가족이 흩어지는 날이 되었습니다

그날
무궁화꽃은 피범벅이 되었습니다
그날
무궁화꽃은 피범벅이 되었습니다

탱크는 무엇이며
전투기는 무엇이며
폭음에 놀란 어린 강아지들도 주인을 잃어버린 채
떠돌이 개가 됩니다

어느 날 갑자기 집안의 어른과 청년들이
철모를 쓰고 전투복을 입고 전투화를
신고 총을 들고 전선으로 갔습니다

그날 이별이 될 줄 알지 못한 채
아비규환阿鼻叫喚의 상황 속에서
영문도 알지 못한 채 전사하고

총 한번 쏴 보지 못한 이가
총과 칼을 꺼내 들고
적군의 심장을 찔렀습니다
그날 이후 남과 북은 찢어져 지금까지
서로에게 총구를 겨누고 있습니다

아직도 내 할머니는 발걸음이 무겁습니다
가족과 현충원을 찾아가는 것이
할머니의 가장 큰 일이고
사랑하는 남편을 만나는 유일한 날입니다

다시는 이 땅에서
이러한 비극이 일어나지 않길 바랍니다

6·25 전쟁 75주년 대한민국을 지키기 위해
목숨 바친 호국영령과 순국선열의 숭고한 희생을
기억하겠습니다

진정한 자유

여러분 자유가 주어지면
당신은 무엇을 하시겠습니까?
소주 10병을 사서 드시겠습니까?
담배 열 갑을 사서
몽땅 피워버리겠습니까?
맛있는 음식을 사서
배가 터지게 드시겠습니까?
자유는 누구에게나 주어지고
선택은 당신의 몫이지만
진정한 자유는 안전하도록
보장받고 보호받는 것에서
진정한 자유를 누리게 되는 것입니다
신께서 태초에 죄를 짓지 않도록 한 것은
죄의 모양이 좋지 않고
죄를 지으면 안전하지 않기 때문입니다
성경을 빌려 말하면
죄는 벌과 죽음과 연결되어 있습니다
당신은 자유 속에서 안전하십니까?
부모가 하지 말라는 것은
위험에 처하지 않도록 하는 것이며
신이 인간을 창조해서 죄를 짓지 않도록 한 것은

당신이 진정한 자유를
누릴 수 있길 원했던 것입니다
진정한 자유를 누리고 싶으십니까?
그렇다면 이전의 당신 안전한지
또 누군가의 보호 속에 있는지를
점검하고 확인해 보시기 바랍니다
우주는 무한한 공간입니다
인간에게 주어진 자유도 이와 같을 것입니다
그러한 자유 속에서 여러분도
뛰놀며 안전한 길을 가시길 바랍니다
오늘도 새 아침이 밝아옵니다
자연계를 포함하여 모든 것이
새롭게 시작됩니다
자유 속에서 주어진 하루
알차게 보내시길 바랍니다
신께서 보호함에
따스한 빛 가운데 곤히 잠을 청하리라
신께서 보호함에
이 세상에서 자유로이 훨훨 날아다니리라

희미해진 사이로의 염원

자욱하게 펼쳐진 연기
희미한 불빛이 희망을 부른다

닿을 것 같은데 쉽사리 닿지 않아
목 놓아 울 때면 저만치 멀어진 내 염원은
어린아이의 희망처럼 더 순수해지고 순수해진다

꺼질 듯 꺼지지 않는 염원은
결국 눈물이 된다
그리고 다짐이 된다

악보에 오선지처럼
언젠가는 쓰일 내일을 위하여
고군분투하여
염원을 향한 도전은 계속되기를

상처도 아픔도 결국 아물어지는 것
오늘도 나는 새살이 돋도록 노력한다

염원아 염원아 다 닿아라
염원아 염원아 그 끝내 이루어져라

그리스도의 사랑처럼

아픔 슬픔 어둠 모든 것이 치유되어라

사랑의 향기만이
얼룩진 것들을 닦듯이
새하얗게 새하얗게

피와 땀과 눈물이
그리스도에게 한 움큼 쥐여줘서
그가 안수함으로
모든 것이 떠나가리라

당신을 사랑함으로 심장의 뜀 박수는 높아지며
비와 바람도 잠잠해지며
마음의 던짐은 먼 거리도 좁혀지고
오로지 사랑만이 남아서
당신을 감싸안을 때
새하얗게 새하얗게
그리스도의 사랑으로
치유되리라

| 해설 |

상처로 피어나는 존재의 시학

손근호(시인·평론가)

  최명수의 시집『가시꽃 끝의 향기』는 2000년대 이후 한국 서정시의 흐름 속에서, 자전적 경험을 사유와 윤리로 확장하는 '생활서정' 계열의 한 축을 이루는 작품집이다. 일상과 내면의 경계를 허물고 감정의 진정성을 중시한다는 점, 특히 절제를 통해 공감의 밀도를 높였다는 점에서 시인의 개성을 훌륭하게 집약한 시집으로 평가된다.
  이 시집은 '상처'와 '사랑', '삶과 죽음', '관계' 같은 실존적 소재들을 중심에 둔다. 이러한 소재들은 최명수 시인을 통해 자전적 고백이나 감상에 머무르지 않고, 철학적 사유로 전환되며 언어화된다. 시인은 일상의 사물과 장면 속에서 상징을 포착하고, 반복과 대비, 은유를 통해 감정을 정제한다. 또 감정은 언어를 타고 개인에서 타인으로 확장되며, 상처는 공감으로, 고통은 예술로 승화된다. 단순 서정에서 벗어나, 존재론적 질문과 윤리적 실천을 시어로 형상화한 것이 이 시집의 가장 두드러진 특징이다.

이제 다음 네 가지의 키워드를 중심으로 시집을 분석해 보기로 한다.

1. 상처와 사랑의 동기화

"고통은 삶을 잠에서 깨우는 것이다." – 프리드리히 니체

이 시편들을 관통하는 정조는 '상처'와 '사랑'이라는 양극의 감정이다. 그러나 이 시들이 단순히 감정의 나열이나 자전적인 고백에 머무르지 않는 까닭은, 고통을 예술로 환원시키는 의식, 그리고 그 예술을 타인을 향한 공감의 통로로 삼는 시인의 '의지' 덕분이다. 이 시편들은 한 개인의 고통과 치유, 연대와 회복의 과정을 시간적·정서적으로 아우르며, 사랑과 상처가 동전의 양면처럼 맞물려 있는 인간의 존재를 노래한다.

소주제로 삼은 '상처와 사랑의 동기화'는 첫 시「슬픔의 동기화動機化」에서 비롯된다. 이 시는 고통의 기억이 어떻게 인간 존재의 태엽을 돌리는 원동력이 되며, 개인적인 상처가 어떻게 타인의 고통에 대한 연민으로 전환되는지를 진지하게 탐색한다. "기쁘고 환한 기억보다/ 슬펐던 기억은 왜 더 오래가는가"라는 물음은 인간의 내면 작동 방식에 대한 철학적 성찰이다. 여기서 상처는 '치부'가 아닌, 오히려 타인을 이해하는 감정적 공명 장치로 기능한다. 슬픔은 결국 '타인을 위함'으로 귀결되는 공감의 윤리학이기 때문이다.

이 공감의 예술적 구현은 다음 시「a pianist a writer」로 이어진다. 이 시는 이중적 매체로, 언어와 음악의 교차점에서 태어난다. 시인이자 음악가인 화자는 감정이 요동치는 순간들을 "노랫가락"으로 승화시킨다. 여기에서 중요한 것은 "겉만 번지르르한 미사여구美辭麗句가 아닌/ 언제나 진정성을 가진 노래"를 지향하는 태도다. 이 시는 창작자의 고통과 감정이 예술로 녹아드는

경로를 보여주며, 동시에 '진정성'이라는 윤리적 지향점을 천명한다. 슬픔이 단지 개인의 감상이 아닌, 세상을 향한 예술의 언어로 전환될 때, 그것은 공명을 낳기 때문이다.

이러한 내면의 변증법은 「결 1」에서 삶의 무상함과 자연의 냉혹함으로 전환된다. 이 시는 고통의 또 다른 얼굴, '고독'을 다룬다. 겨울나무의 이미지는 사람의 마음을 닮았고, "가지가 썩으면/ 나무는 스스로 가지를 잘라 버린다"는 표현은 생존을 위한 고통의 절단을 의미한다. 하지만 이 절단은 파괴가 아니라, 다시금 누군가에게 '결'을 내어줄 준비를 의미한다. "봄이 오면 마주하는 식탁에/ 아무렇지 않은 듯 웃는 당신이 온다면"이라는 구절은, 상실의 끝에서 다시 사랑을 기대할 수 있는 존재의 희망을 말한다. 이 희망은 단순한 낙관이 아니라, 이전의 고통이 있었기에 가능한 응시다.

사랑과 이별의 순환은 「사랑은 시가 되어 3」에서 절정에 이른다. 사랑은 필연적으로 끝을 향하지만, 시는 그 사랑을 영원으로 고정하려는 시도의 결과물이다. 이 시는 사랑을 '말'로 봉인함으로써 이별을 초월하려 한다. "이별하지 않은 채 살아가려면/ 시가 되어야 합니다"라는 선언은, 예술이 인간 경험의 가장 본질적인 아픔을 담아내는 그릇이 될 수 있음을 시사한다. 즉, 이별조차도 시가 된다면 그 자체로 존재의 '증거'가 되기 때문이다. 이 시는 사랑의 죽음을 부정하는 것이 아니라, 그 죽음을 수용하되 영원히 기억하려는 숭고한 의지의 형식이다.

「가시꽃 끝의 향기 2」는 앞선 시편들의 아픔과 고통, 이별과 회복의 서사를 통합하며 해방과 완성을 상징한다. 이 시는 인생의 '가시'가 결국 향기를 가능케 한다는 통찰을 담는다. "가시를 모르면 꽃이 될 수 없고/ 가시 없는 꽃은/ 결국 향기가 나지 않습니다"는 구절은, 상처를 통해 얻게 된 감정의 깊이야말로 진정한 예술과 인간성의 향기를 품게 한다는 진실을 선포한다. 특히 반복되는 시구인 "하늘에 단비가 잎사귀에 떨어질 때/ 이루어지리라 외치소서"는 일종의 주문이며, 이는 신화적·서정적 차원에서 구원의 리듬을 형성한다.

이 시편들은 후기 모더니즘 이후의 '자전적 서정시'와 '실존적 감성의 시학'의 그 어디쯤에 위치한다. 개인적 체험을 공공의 언어로 끌어올리고, 상처를 존재론적 질문의 도구로 활용하는 면에서 이러한 흐름에 닿아 있다. 이 시들은 폐허 이후의 마음, 무너짐 이후의 사랑을 '시적 기록'으로 남김으로써, 감정의 파편을 다시 인간다움으로 묶어내는 언어의 실천이다.

결국 이 시편들은 하나의 철학적 순환을 제시한다. 고통은 사랑을 낳고, 사랑은 상처로 끝나며, 상처는 다시 예술로 피어난다. 그리하여 다시 타인의 마음에 향기를 전한다. 니체의 말처럼 고통은 우리를 잠에서 깨우는 '실존의 알람'이다. 이 시인 또한 고통을 단지 통과한 것이 아니라, 그것을 정제하여 사랑과 연대, 예술로 바꾸었다. 이 시편들은 우리 모두의 마음속에 아직 피지 못한 꽃, 그러나 반드시 향기 날 수 있는 가능성을 일깨운다. 그리하여 이 시들은 상처의 존재론이자, 사랑의 윤리학이라고 할 수 있다.

2. 존재의 결을 새로이 짓다

존재의 껍질을 벗기고 본질을 바라보는 일은 늘 고통스럽지만, 인간이 인간일 수 있는 길은 오히려 그 상처의 자국 위에서 열린다. 시인은 여기 모인 시편들에서 '어떻게 살아야 하는가'라는 실존적 질문을, 피상적인 이상이 아니라 삶의 진창에서 길어올린 성찰을 통해 풀어낸다. 이 시편들은 한 인간이 장년의 문턱에 서서 지나온 청년기를 벗겨내고, '사람다움'을 위해 스스로를 벼리는 여정을 드러낸다. 이는 단순한 회고나 도덕적 설파가 아니라, 일상에서 매일 굽는 '빵'처럼 누적되는 자기 단련이며, 동시에 타자에 대한 돌봄으로 확장되는 윤리적 실천이다.

철학자 파스칼은 "인간은 생각하는 갈대"라 했다. 연약하지만, 사유를 통해 무한으로 열릴 수 있는 존재가 인간임을 역설한 것이다. 이 시편들의 화자 또한 자신의 연약함을 부끄러워하지 않고, 오히려 그 연약함으로부터 강인한 의지를 추출한다. 파스칼의 이 말은 시 전체를 관통하는 정서 - 즉, 고통을 껴안는 용기, 늙음을 수용하는 겸허, 사람을 향한 무조건적인 사랑 - 와도 궤를 같이한다.

먼저「껍데기」는 존재론적 전환의 계기를 가장 또렷하게 밝히는 시이다. 시인은 장년의 문턱에서 "박박 긁어내어 씻어야겠다는 생각"을 한다. 썩은 껍데기처럼 과거를 도려내야 비로소 새로운 자신이 된다고 믿는 이 자기 해체의 의지는, 단지 개인적 결단이 아닌 인간의 본질적인 성장 서사로 읽힌다. "환골탈태換骨奪胎"의 고통을 감내하면서까지 새로운 껍질을 입고자 하는 모습은 인간이 가진 회복 탄력성과 희망의 증거라고 할 수 있다.

이러한 변화는 곧 창작의 행위로 이어진다.「매일 굽다」에서 시인은 매일 빵을 굽는 장인의 자세로 시를 쓴다. 예술이란 특별한 순간의 영감이 아니라, 매일의 반복과 누적에서 피어나는 정성의 산물임을 드러낸다. "쥐어짜는 경지"까지 가 본 이 고백은 창작이 곧 삶의 방편이며 수양의 과정임을 드러낸다. 장인이 손님의 입맛을 만족시킬 때 기쁨을 얻듯, 시인은 독자와 만남으로 자신의 존재를 확인한다. 이는 문학을 '소통의 예술'로 재위치시키는 중요한 진술이다.

이 두 시에서 내면을 벼리는 방향이 '자기 단련'이었다면,「그렇게 살 테야」는 그 수련의 궁극적 목표를 타자에 대한 사랑으로 확장시킨다. 이 시는 다짐의 구조를 반복함으로써 서사의 밀도를 높이고, 존재론적 자기 긍정을 윤리적 책임감으로 전이시킨다. 그래서 "그렇게 사람을 돌보고 보살피며 살 테야"라는 진술은 단순히 감정적 호소가 아니라, 구체적 삶의 태도로 보인다. 이는 톨스토이의 인간주의와도 통한다. 톨스토이는 "삶의 목적은 자신을 위해 사는 것이 아니라 타인을 위해 살아가는 것이다"라고 했다. 이 시에서 시인은 세상의 부조리, 인간의 냉혹함을 외면하지 않되, 그것을 원망으로 돌리지 않고 사랑과 실천으로 마주하겠다는 결연한 태도를 보여준다.

이 사랑은 「아픔은 사랑을 더 사랑하도록」에서 가장 절절하게 표현된다. 아버지를 향한 회한과 그리움이 담긴 이 시는, 육체의 쇠약과 죽음을 마주하면서도 "더 이상 사랑한다 말하지 못하였다"는 고백으로 정점을 찍는다. 시인은 사랑하는 이를 잃은 고통을 통해 '사랑의 무게'를 깨닫는다.

이 모든 여정의 끝자락에서 등장하는 시가 「꽃 된 생각」이다. 인간 존재의 정점으로 간주되는 '젊음'을 찬미하는 사회를 비판하며, 시인은 '고개 숙인 벼'를 닮은 노년의 지혜와 겸허함을 긍정한다. 젊음을 부여잡는 것은 허망한 집착이며, 인생의 완성은 오히려 '늙어가는 것'을 받아들일 때 이룰 수 있다는 진실은, 고대 스토아 철학자들의 '자연에 따르라'는 명제를 시로 구현한 듯하다. 삶의 순리를 역행하지 않고, 찬란함의 뒤편에 숨겨진 고요한 절정을 발견하는 것 – 그것이 이 시의 미덕이다.

이처럼 이 다섯 편의 시는 '허물 벗음'의 메타포를 축으로 연결된다. 껍데기를 벗고, 매일의 단련을 통해, 타인을 품는 사랑으로, 아픔을 넘어, 결국 늙음을 인정하고 아름다움으로 귀결되는 서사는, 시인이 한 사람의 '온전한 인간'으로 거듭나는 성장 드라마로 완성된다.

특히 '삶과 시가 분리되지 않는' 시적 태도와 군더더기 없이 직선적으로 써 내려간 시어들은 독자의 감정에 가까이 다가서며, 고통을 철학으로 승화시키는 미학적 깊이를 획득한다. 결국, 이 시들은 우리에게 '허물 너머의 사람' – 완전하지 않되 사랑하려는 의지로 가득한 사람 – 을 보여준다. 그리고 그 존재는 시를 통해 매일 빚어지고, 새롭게 껍질을 갈아입는다. 이처럼 사람을 사람 되게 하는 시, 그것이 시가 우리에게 건네는 가장 따뜻하고 밀도 깊은 말이다.

3. 존재의 시간, 피어나는 관계

이 시편들은 시간과 존재, 자연과의 유기적 관계, 인간으로서의 성장이라는 철학적 화두를 조용히 던진다. 「벌써 한 정거장 가지 않았느냐」, 「억지로 꽃을 피우려 하지 마세요」, 「꿀」, 「날개」, 「봄 여름 가을 겨울」로 이어지는 시의 흐름은 시간에서 출발해 존재의 자각으로, 그리고 관계와 꿈, 마침내 생의 순환으로 도달하는 여정을 잘 보여준다. 그리고 존재는 시간 속에서 깨어나고, 관계 속에서 피어난다는 핵심 사유는 전편에 두루 스며든 시인의 통찰이다.

철학자 마르틴 하이데거는 "인간은 시간 속에 던져진 존재"라 했다. 이 명제는 시 전체의 맥을 관통한다. 우리는 주어진 시간 속에 살며, 그 시간을 통해서만 자신을 인식하고 세계와 관계를 맺는다. 따라서 시간을 어떻게 사유하느냐가 곧 인간 존재의 깊이를 결정한다고 할 수 있다.

「벌써 한 정거장 가지 않았느냐」는 그 통찰의 출발점이다. 우리는 시간을 늘 "돈을 벌기 위한 수단"으로 오용하며, 시곗바늘에 묶여 불평을 늘어놓는다. 그러나 시는 시간의 "정방향"과 "역방향"이라는 흥미로운 개념을 통해 독자의 시선을 전환시킨다. 정방향의 시간은 성찰을 가능케 하고, 역방향은 불만과 원망의 굴레에 우리를 묶는다. 여기서 시인은 시간에 대한 태도 자체가 우리의 삶을 규정한다는 중요한 메시지를 전한다. 이 시는 시간의 흐름을 하나의 정거장에 비유하며, 우리 존재가 어떤 방향으로 흘러가고 있는지를 되묻게 한다.

이 흐름 위에 이어지는 두 번째 시 「날개」는 정체성에 대한 물음을 던진다. 추락한 천사는 날개를 잃고, 인간도 천사도 아닌 어정쩡한 존재가 된다. 이때 시는 소크라테스를 소환하며, 인간 존재의 본질에 대한 철학적 질문을 극적으로 제기한다. 그래서 "대체 그럼 무엇인가?"라는 질문은 인간이 자기 정체성을 확립하기 전까지 얼마나 많은 회의와 방황을 겪는지를 보여준다. 하지만 이 시의 힘은 추락에 멈추지 않는다. 시인은 말한다. "추락 한 번 했다고 사망한 거 아니니까". 날개를 챙기고 다시 날아야 하며, 그 날갯짓은 세상 사람들에게 꿈과 희망이 되어야 한다. 존재의 고독과 무력함을 직시하면서도, 인간의 재기와 비상을 노래하는 이 시는 고통을 창조로 전환하는 정신의 힘을 찬양한다.

「꿀」은 앞선 두 시의 사유를 관계의 차원으로 확장한다. 식물과 꿀벌의 유기적 관계는 자연의 묵묵한 협력을 상징하며, 인간 사회의 단절과 대조된다. 언어를 가졌음에도 서로 이해하지 못하고, "꿀"처럼 따뜻한 것을 나누지 못하는 현대인의 고립감이 절절히 묻어난다. 그러나 시는 끝에서 다시 희망을 제시한다. "사람도 꿀을 줘야 살 수 있다"는 마지막 구절은 사랑, 공감, 나눔이야말로 인간 존재의 생명력임을 강조한다.

이러한 흐름은 자연과의 조화 속에서 자기를 긍정하는 시 「억지로 꽃을 피우려 하지 마세요」로 이어진다. 사회적 기준에 억눌려 "늘 웃는 모습으로" 살아가려 애쓰는 사람들에게 시는 말한다. "햇빛도 바람도 비바람도 꽃이 자라도록 돕는다." 이 시는 인간 존재를 자연의 일부로 회복시키며, 억지가 아닌 자연스러운 성장의 가치를 일깨운다. 이 시가 말하는 '자연스러운 피어남'은 존재의 온전함과 연결되어 있으며, 진정한 자기 사랑이 어떻게 가능한지를 부드럽게 설파한다.

「봄 여름 가을 겨울」은 이러한 사유를 삶 전체의 순환으로 승화시킨다. 불평 많은 인간의 감정들이 사계절이라는 리듬 속에서 정화되고, 기쁨·슬픔·분노·사랑을 통해 "비로소 인간이 된다"는 메시지는 실존적 진실에 가닿는다. 이 시는 니체가 말한 "운명을 사랑하라 Amor Fati"는 태도와 통한다. 정해진 사계절, 정해진 삶의 굴곡 속에서조차 불만보다 수용과 성숙을 택할 때, 인간은 온전한 존재로 성장한다는 것이다.

이 시들은 현대 한국시의 흐름 속에서 개인적 서정과 사회적 철학을 조화시키는 모델을 제시한다. 일상어에 가깝지만 철학적 깊이를 놓치지 않으며, 시인의 체험과 보편적 주제를 하나로 묶는다는 점에서 독자와의 연결성을 강하게 한다. 따라서 이 시편들은 "존재의 시간, 피어나는 관계"라는 주제 아래 시간 속에서 자신을 되묻고, 상처 속에서 다시 날아오르며, 자연과 타인과의 관계 속에서 피어나는 삶의 아름다움을 노래한다. 철학적 질문과 문학적 감성을 겸비한 이 시들은, 우리를 돌아보게 하고 다가가게 하며, 결국은 우리로 하여금 다시금 살아갈 용기를 얻게 만든다.

4. 미완의 찬란

"우리는 존재한다. 아직 완성되지 않았기에 더 아름답다." – 마르틴 하이데거

시인은 시편들을 통해 완전함을 향한 인간의 애틋한 지향성과, 그럼에도 불완전한 삶 속에서 드러나는 깊은 의미와 사랑을 탁월하게 드러낸다. 이 시들을 하나의 철학적 주제, 즉 "미완의 찬란"이라는 관점에서 읽을 때, 우리는 각 시가 단순한 감정의 표현을 넘어, 존재론적·윤리적 성찰을 담은 밀도 깊은 성찰로 승화되어 있음을 알 수 있다. 하이데거가 말했듯 인간 존재는 언제

나 '아직-아님'의 상태에 있으며, 그 미완의 틈새에서 오히려 진실한 존재의 본질을 드러내기 때문이다. 이 시편들은 그러한 존재의 형이상학적 긴장과 그것을 견디며 피어나는 인간의 존엄과 사랑을 따뜻하게 노래한다.

「미완성의 미」는 전체 시편 중에서도 가장 철학적 깊이를 직접적으로 드러낸다. 완성을 향한 인간의 끊임없는 열망과 그 끝없는 추구를 묘사하면서도, 결국 "완성된 미는 없다"고 단언한다. 시인은 인간 존재가 언제나 '되어가는 존재'임을 고백하면서, 그 과정 자체에 가치를 부여한다. "미완성은 부족하거나 결여된 것이 아니라/ 무한성이며 또 하나의 가치 추구인 것이다"라는 구절은 플라톤의 이데아론을 부정하면서도 그에 대응하는 현실적 미의 기준을 제시한다. 이 시는 삶의 여정과 자기 성찰, 그 모든 불완 속에서 의미를 찾는 철학적 탐구의 정점에 서 있다.

「못다 핀 꽃」은 이 철학을 감정적이고 인간적인 서정으로 풀어낸다. 할머니의 삶을 통해 시인은 이름 없이 묻힌 수많은 존재들의 고귀함을 추모한다. 이들은 세상에 완성된 모습으로 "피우지 못한" 꽃일지라도, 시인은 "당신은 그 누구보다 훌륭한 꽃이다"라고 선언한다. 여기서 '꽃'은 단순한 생물학적 상징이 아니라, 존재의 가치와 의미를 나타내는 은유. 이 시는 불완성이라는 조건이 존재의 결함이 아니라 고유한 정체성이며, 오히려 미학적 가치로 승화될 수 있음을 시사한다.

「빈자리」는 상실의 예감과 그것이 드러내는 사랑의 본질을 그린다. 잔소리조차 사랑의 언어가 되었음을 뒤늦게 깨닫는 아들의 자각은 인간관계의 본질을 들여다보게 한다. 특히 "당신이 없는 빈자리가 되면/ 아들 된 도리를 다하지 못했다는 말을 들을까/ 마음이 아픕니다"는 구절은 '존재의 부재'가 오히려 '사랑의 실재'를 강화한다는 역설을 보여준다. 이는 하이데거가 말한 '죽음을 향한 존재'가 오히려 삶의 의미를 각성케 한다는 철학적 주장과도 통한다. 이 시는 상실의 전조 속에서 도리와 애정을 성찰하는 인간의 내면을 섬세하게 포착해 낸다.

「희미해진 사이로의 염원」은 존재의 희미한 경계 속에서도 꺼지지 않는 염원과 의지를 그린다. "염원아 염원아 다 닿아라/ 염원아 염원아 그 끝내 이루어져라"라는 반복은 단순한 바람이 아니라 존재의 지속성과 회복에 대한 강한 의지의 표출이다. 삶의 고군분투를 다짐과 음악의 오선지에 빗댄 상징은, 인간이 고통 속에서도 아름다움을 창조해 내려는 예술적 존재임을 암시한다. 이 시는 20세기 실존주의 시학의 한 흐름, 즉 카뮈나 사르트르가 강조한 '부조리 속의 의미 추구'라는 사유와도 공명한다. 시인은 희미함 속에서 오히려 순수한 소망을 추출해 내고 있기 때문이다.

「그리스도의 사랑처럼」은 전편들의 결을 종합하여 하나의 구원 서사를 구성한다. 앞선 시들이 미완과 상처, 결핍의 존재들을 그려냈다면, 이 시는 사랑이라는 궁극적 힘을 통해 그것들이 치유되고 새로워지는 가능성을 제시한다. 그리스도의 사랑이라는 기독교적 상징은 단지 종교적 메시지를 넘어, 보편적 사랑의 힘을 노래한다. "사랑만이 남아서/ 당신을 감싸안을 때/ 새하얗게 새하얗게"는 존재의 정화와 구원의 순간을 감각적으로 환기시킨다.

이 다섯 시는 각각 독립적인 주제를 담고 있지만, '미완'이라는 핵심 키워드를 중심으로 유기적으로 연결되어 하나의 존재론적 여정을 구성한다. '미완의 미'로 시작해, 미완의 존재들(할머니, 염원, 자식, 신자)을 그려내고, 마침내 그 모든 것을 감싸는 사랑으로 결말을 맺는 구성은 독자로 하여금 자신도 이 여정에 참여한 듯한 깊은 울림을 느끼게 한다. 특히 삶의 결핍과 고통, 그리고 사랑과 의미를 따뜻하게 묘사함으로써, 시가 존재의 깊은 층위를 탐색할 수 있는 성숙한 언어임을 보여준다.

최명수 시인이 『가시꽃 끝의 향기』 시집에서 보여준 시적 태도를 다음 세 가지로 정리해 본다.

첫째, 시인의 시는 상처를 통해 존재를 성찰하고, 그 성찰을 예술로 전환하는 고통의 윤리학을 보여준다.

둘째, 개인의 고백에 머물지 않고, 시를 공동체적 관계와 타자와의 연대를 추동하는 도구로 활용한다.

셋째, 삶의 사계절을 따라 생의 무게를 수용하고, 존재의 순환과 시간의 흐름을 내면화함으로써, 인간됨의 본질을 묻는 철학적 여정으로 확장한다.

이 세 흐름은 자전적 서정을 바탕으로 하되, 그 너머에 있는 사랑과 죽음, 회복과 희망이라는 보편적 주제로 이어진다.

최명수 시인의 시는 삶의 진정성과 언어의 깊이를 동시에 추구한다는 점에서 앞으로 한국 시단에서 더욱 주목받을 가능성이 높다. 일상의 경험을 철학적 사유로 환원하고, 상처를 보편적 감정으로 전환하는 특별한 역량으로 시인의 내면 탐구가 더욱 심화될수록 독자들에게 더 강한 울림과 감동을 자아낼 것이기 때문이다.

그림과책 시선 341

가시꽃 끝의 향기

초판 1쇄 발행일 _ 2025년 9월 30일

지은이 _ 최명수
펴낸이 _ 손근호

펴낸곳 _ 도서출판 그림과책
출판등록 2003년 5월 12일 제300-2003-87호

03924 서울특별시 마포구 월드컵북로54길 17 821호
     (상암동, 사보이시티디엠씨)
       도서출판 그림과책
전화 (02)720-9875, 2987 _ 팩스 (02)720-4389
도서출판 그림과책 homepage _ www.sisamundan.co.kr
후원 _ 월간 시사문단(www.sisamundan.co.kr)
E-mail _ munhak@sisamundan.co.kr

ISBN 979-11-93560-48-8(03810)

값 12,000원

이 책의 판권은 지은이와 그림과책에 있습니다.
잘못된 책은 교환해 드립니다.